Une journée au vert

À Julian et Matthew,
que notre planète reste verte !
M.

www.flammarion-jeunesse.fr

Couleurs : Emmanuel Ristord et Sarah Murat

Éditions Flammarion – 87, quai Panhard-et-Levassor – 75647 Paris Cedex 13
ISBN : 9782081415188 – N° d'édition : L.01EJEN001430.N001
Dépôt légal : février 2019
Imprimé en Espagne par Liberdúplex – janvier 2019
Loi n° 49-956 du 16 juillet 1949 sur les publications destinées à la jeunesse.

Une journée au vert

Texte de
Magdalena

Illustrations
d'**Emmanuel Ristord**

CASTOR POCHE

Comme à chaque retour de récréation, c'est un peu le brouhaha dans la classe de CE2. Madame Chabon attend que le silence se fasse pour s'exprimer.
« Vous vous souvenez que le papa de Maxence, monsieur le maire, est venu nous parler il y a une quinzaine de jours de l'opération "Ma ville est verte". Il nous a proposé d'aider au nettoyage de la rivière qui passe près de notre ville. »
Excités, les élèves crient :
« Oui ! On avait dit oui pour participer !
– La date a été fixée, ce sera ce jeudi, reprend la directrice. À cette occasion, le père de Maxence nous accompagnera, avec d'autres employés de la mairie.
Je compte sur vous pour être de bons citoyens. »

« Ça veut dire quoi “citoyen” ? » demande Jimmy.
Madame Chabon, d’un ton un peu solennel, commence à expliquer :
« L’école a la mission d’amener l’élève à devenir l’adulte de demain, de le former à être un bon citoyen. Elle le prépare à vivre en société, à être un individu qui a des valeurs, quelqu’un qui respecte des règles civiques. »

Jimmy donne un coup de coude à Maxence.
« J’ai rien compris.
– Ça veut dire, en gros, qu’on ne fait pas n’importe quoi, résume Maxence. Y a des règles de vie, à la maison, à la ville et dans le monde. Être citoyen, c’est les respecter.
– Ah ben pourquoi elle n’a pas dit “bien élevé”, c’était plus simple ! » bougonne Jimmy.

Citoyen

« Qui peut nous dire à quoi sert cette opération de nettoyage ? demande la directrice.
– C'est pour l'écologie ! s'empresse de dire Kanoa. L'écologie, c'est important, c'est pour respecter la nature et les animaux !
– Nous, c'est pour l'écologie de la rivière, ajoute Maxence, et il lit le slogan qu'il a inventé avec l'aide de son père :

Notre poubelle rivière
doit devenir une belle rivière
dont on sera fiers.
On ne jette plus rien par terre,
au contraire,
on ramasse nos affaires.

– Merci Maxence, ce résumé est parfait. Viens donc le copier au tableau pour tes camarades »,
propose madame Chabon.

«À votre avis, que va-t-on ramasser ?»
La classe s'enflamme, les réponses fusent.
«Des mégots ! crie Timéo.
– Oui, c'est dégueu, les gens fument
et jettent leurs mégots par terre, confirme Nabila.
– C'est dangereux, ça peut mettre le feu, dit Lucie.
– Et avec les boîtes de conserve rouillées,
on peut attraper le tatanos, ajoute Basil.
– Le tétanos, lui souffle Marie.
– Y a aussi des emballages, des canettes,
du plastique, dit Johanna.
– Des morceaux de verre qui peuvent blesser
les enfants et les animaux, complète Kimiko.
– Bien, vous êtes motivés !» conclut la directrice.
Puis elle dicte aux élèves la liste des affaires
à prévoir pour la sortie.
«Et le midi, on mange à la cantine ? demande Elias.
– Non, la mairie fournira le pique-nique,
précise madame Chabon, sauf pour Anaé.
– Pas de souci, j'ai l'habitude avec mon allergie
à l'arachide», sourit Anaé.

Le mercredi après-midi, veille de la sortie,
Marie et Basil préparent ensemble leurs affaires.
Marie est fière, la directrice lui a proposé de faire le reportage photo de la journée.
Elle relit les recommandations de madame Chabon.
La directrice ajoute toujours quelques notes d'humour.
Cela amuse énormément Marie.
« Prévoir une tenue adaptée :
- une paire de bottes de pluie (éviter les après-ski)
- une veste de pluie (avec capuche, c'est mieux !)
- une tenue de rechange (pour les maladroits qui tomberaient à l'eau) »

Marie dit :
« On parie qu'au moins un élève sera trempé, et pas par la pluie ?
– Du moment que ce n'est ni toi ni moi, ça me va ! plaisante Basil. Mais si ça arrive, essaie de prendre une photo, ça fera un souvenir rigolo. »

Le lendemain matin, dans le rang, Anaé râle :
« Pourquoi on prend pas le car ?
C'est loin, quelle barbe d'y aller à pied !
– Oh, la grande sportive ! » se moque Noémie.
Au même moment, Suzy se fait rappeler à l'ordre
par madame Chabon.
« Suzy, j'avais dit des bottes, c'est quoi ces ballerines ?
Tu ne viendras pas te plaindre si tu as mal aux pieds.
Et où est ta veste de pluie ? Tu n'en avais pas ? »
Suzy fait la moue mais ne réplique rien.
Dès que la directrice s'est éloignée,
elle se penche vers Anaé et chuchote :
« Les K-way, c'est trop moche.
Jamais de la vie j'en porterai !
– Mouais, ça dépend desquels ! »
répond Anaé qui aime bien le sien.
Lucie sort alors son K-way en donnant
un coup de coude à Anaé pour le lui montrer.
« Je suis d'accord avec toi, ça dépend desquels ! »
Anaé et Lucie gloussent, et Suzy lève les yeux au ciel.

Maxence est fier que son père soit là.
C'est rare qu'il fasse les sorties scolaires.
Arrivé au bord de la rivière,
il s'adresse à ses copains :
« Mon père a préparé une surprise !
– C'est une surprise qui se mange ? » dit Elias,
l'air gourmand.
Maxence n'a pas le temps de répondre,
son père lui vole la vedette. Il prend la parole
pour présenter le lieu et le déroulement
de la journée. Les employés municipaux distribuent
les gants et les sacs-poubelles,
puis le père de Maxence annonce :
« À l'issue de cette journée, vous aurez tous
une médaille pour votre action citoyenne.
– C'est ça la surprise ? demande Elias. Je parie
qu'elle est même pas en chocolat la médaille…
– C'est sûr, on n'est plus en maternelle mon gars !
se moque Kanoa.
– Le moment est venu de ramasser les déchets !
lance le père de Maxence. À vos sacs, c'est parti ! »

Les CE2 filent dans tous les sens, pleins d'entrain, comme si c'était une chasse au trésor.

« Oh, une godasse ! » dit Jimmy en essayant de rentrer son pied déjà chaussé dedans.

Suzy, elle, ne ramasse que ce qui brille.

« Tu cherches des bijoux ? se moque Marie.

– Ben oui, y en a toujours de perdus », répond Suzy.

Anaé grimace quand elle trouve un déchet.

« C'est vraiment berk, ça me dégoûte les saletés des autres.

– Ouais, mais c'est pire de les laisser ! lui répond Kanoa pour la motiver.

– Si tu voyais l'état de la mer ! ajoute Malo. Tout le plastique qui tue les poissons !

– C'est vrai, approuve Maxence, on tue la planète.

– Je sais, admet Anaé, gênée, c'est bien de nettoyer. »

Anaé est soulagée car elle a trouvé un morceau de bois pour trifouiller le sol.
« C'est quand même dangereux de ramasser ces trucs. En plus, y a des cailloux. Et si on se faisait mordre par une couleuvre cachée dessous ? »
Kanoa s'empresse de la rassurer :
« T'inquiète ! Déjà, si c'est une couleuvre, tu risques rien. C'est la vipère qui est dangereuse.
– Comment je sais, moi ? Je vais pas lui demander poliment "Madame le serpent, vous êtes une couleuvre ou une vipère ?" »
Kanoa rigole et sort de son sac un bloc de fiches sur les animaux. Il lui montre des photos.
« Tu vois, si le serpent a une pupille ronde comme dans un œil de chien, c'est une couleuvre. S'il a une pupille verticale, comme dans un œil de chat, alors c'est une vipère.
– Ben, t'es bien équipé toi ! dit Elias admiratif.
– Oui, j'adore apprendre des trucs sur les animaux. »

Vipère

Basil et Lukas, penchés en avant,
semblent très appliqués.
En réalité, ils ont entendu le coassement
des grenouilles, et ils les cherchent.
Basil voudrait en attraper au moins une
pour faire peur aux filles.
« T'entends ? Elles doivent pas être loin, dit Lukas.
– Ah, j'en vois une ! » s'exclame Basil.
Les deux copains sont comme des fous.
Basil a attrapé une petite grenouille,
qu'il glisse vite dans sa poche.
« Pas de bêtises, hein les garçons ! »
leur dit madame Chabon en leur jetant
un regard soupçonneux.
Basil et Lukas font non de la tête,
un peu embarrassés.

Suzy, qui a des cailloux dans les ballerines, a repéré un banc.
« Maîtresse, je peux arrêter et m'asseoir un peu ? J'ai trop mal aux pieds…
– Je ne veux rien savoir, répond madame Chabon. J'avais bien dit de mettre des bottes. »
Kanoa et Anaé, sans avoir demandé la permission, s'installent sur le banc, tandis que le reste de la classe, la tête en bas, gravite autour d'eux.
Kanoa enseigne à Anaé la faune des rivières.
Anaé n'est pas passionnée, mais elle ne le montre pas. Elle veut surtout que Kanoa reste avec elle, ça la rassure.

Voyant que madame Chabon discute avec le père de Maxence, Suzy s'assoit à côté d'eux et retire ses ballerines pour se frotter les pieds.

« J'ai faim ! dit tout à coup Elias.
J'espère qu'ils n'ont pas oublié le pique-nique.
– T'inquiète, mon père a tout prévu ! » dit Maxence.
C'est alors que retentit le klaxon d'une camionnette.
« Je te l'avais dit ! s'écrie Maxence.
Les paniers repas arrivent. »
Madame Chabon n'a pas besoin de battre le rappel.
En deux minutes, tous les élèves sont autour d'elle, pressés de manger.
Ils enlèvent leurs gants et se désinfectent les mains avant la distribution des repas.
« Tiens, Anaé », dit la directrice en sortant de son sac le bento qu'Anaé lui avait confié le matin.
En voyant le contenu de la boîte, Elias s'écrie :
« Ça a l'air trop bon !
– Tu veux qu'on partage, j'en ai toujours trop ? propose gentiment Anaé.
– Non, t'inquiète, moi j'ai des chips, j'adore ! » répond Elias.

Les estomacs sont bien remplis,
mais le temps semble changer.
Un gros nuage noir se profile au loin.
Brandissant un énorme sac-poubelle,
le père de Maxence dit :
« Nous, nous ne laisserons aucune trace
de notre passage, n'est-ce pas les enfants ? »
Un grand oui s'élève et, aussitôt, les CE2 se mettent
à ramasser les emballages de pique-nique
qui s'étaient envolés avec le premier coup de vent.

Tout à coup, Anaé pousse un cri aigu, qui fait sursauter Nabila et Johanna. Toutes les deux se mettent à leur tour à crier sans savoir pourquoi.
« T'es bête, Basil ! » dit Kanoa.
Puis, après avoir saisi la grenouille, il ajoute :
« Anaé, c'est qu'une grenouille.
C'est inoffensif. Tu veux la toucher ? »
Anaé fait une moue dégoûtée et répond :
« Non merci, pas envie. »

Soudain, Anaé se retourne vers Basil
avec un air effrayé.
« Attention ! crie-t-elle. Y a un serpent à tes pieds ! »
Basil fait un bond en arrière et, déséquilibré
par une grosse racine, il tombe dans la rivière.
Tous éclatent de rire, y compris lui.
« T'as fait exprès ? glisse Kanoa à l'oreille d'Anaé.
– À ton avis ? » lui répond Anaé avec un clin d'œil.

Marie a réussi à photographier Basil
les fesses dans l'eau.
« Oh non, lui dit Basil. Pitié !
– Trop tard ! C'est toi qui m'avais demandé
de prendre en photo celui qui tomberait dans l'eau !
lui répond Marie, moqueuse.
– Aïe, si j'avais su ! » réplique Basil en riant.

« Mettez vos vestes, il commence à pleuvoir, prévient madame Chabon, avant d'ajouter à l'attention de Basil : J'espère que tu as des vêtements de rechange… »
Basil acquiesce et file se changer derrière un arbre.

Pendant ce temps, les élèves ont enfilé leur K-way.
« J'y crois pas, c'est un truc de fille que tu portes ! dit Malo, hilare, en regardant Timéo.
– Ben oui, c'est celui de ma grande sœur, répond Timéo qui se fiche complètement que Malo se moque de lui.
– Il me plaît trop, moi, ton K-way ! » dit Suzy.

Le papa de Maxence ouvre son parapluie et propose à madame Chabon de l'abriter.
« Merci, lui répond-elle, ce ne sera pas utile. »
Et elle déplie une cape de pluie qui tenait dans un minuscule sac.
« Wahou, dit Basil à Marie, ça mérite une photo ! »

Bientôt, le soleil réapparaît dans le ciel.
« Il ne pleut plus, heureusement car ma veste est déjà trempée, dit Suzy, soulagée.
– T'as vu tes ballerines ? s'écrie Anaé, catastrophée. Elles sont pleines de boue !
– Suzy, je peux faire une photo de tes pieds ? plaisante Marie.
– Tu as pris quoi d'autre comme photos ? demande Anaé.
– Des photos de nous, de ce qu'on a ramassé, et aussi des cygnes et des canards qu'on a vus, répond Marie.
– Tu peux photographier ce ver de terre si tu veux, propose Kanoa en tendant sa main sur laquelle gigote un lombric.
– Berk, non, c'est trop moche ! crie Anaé. Je préfère encore les grenouilles. »

Madame Chabon fait le tour de ses élèves.
« Je vois que ça avance, vos sacs-poubelles se remplissent bien. Vous faites du bon travail ! »
Les employés municipaux plaisantent avec les enfants tout en ramassant les sacs pleins qu'ils vont déposer dans la grande benne installée un peu plus loin.
La benne restera là plusieurs jours, car l'opération de nettoyage va se poursuivre sur deux semaines, avec d'autres classes et des bénévoles.
« C'est fou tous les sacs plastique, dit Lukas.
– Et il faut 100 à 400 ans pour qu'ils se décomposent ! dit Kanoa.
– Quoi ? manque de s'étrangler Lukas. Je savais pas. »

Kanoa s'est éloigné du groupe
car il a vu des pêcheurs un peu plus loin.
Il leur parle à voix basse.
« Vous pêchez quoi ?
– Des carpes.
– Et vous les remettez à l'eau ?
– Oui, toujours ! On pêche juste pour le plaisir.
– On est avec notre classe, on est venus nettoyer, explique Kanoa.
– Et faire fuir nos poissons ! plaisante un pêcheur.
– Ah oui, on fait du bruit ! s'excuse Kanoa.
– Non, je blague ! Faudrait que tout le monde fasse pareil, sans quoi il n'y aura bientôt plus de carpes et on ne pêchera que des vieilles godasses et des canettes ! »

Bientôt, d'autres élèves rejoignent Kanoa.
Un groupe de curieux se forme autour des pêcheurs.
Les deux hommes montrent leur matériel
aux enfants, et leur expliquent comment s'en servir.
Malo écoute, attentif, et il raconte :
« Mon grand-père aussi est pêcheur.
Il a une canne comme la vôtre,
et souvent on pêche ensemble. »
Monsieur le maire vient lui aussi saluer les pêcheurs.
Il raconte qu'enfant, il venait se baigner
dans cette rivière, qui était encore propre.
Il en profite pour se faire prendre en photo par Marie
avec une carpe dans les mains.

Un peu plus tard, le père de Maxence
et la directrice réunissent les élèves.
« Bravo, vous avez très bien travaillé !
Grâce à vous, nous allons donner une chance
à la rivière et ses rives de retrouver leur propreté ! »
Ensuite, il sort une médaille de sa poche
et il annonce :
« Comme promis ce matin, en souvenir
de cette journée, vous aurez tous une médaille
comme celle-ci.
– Elle est en or ou en argent ?
demande Suzy à Kanoa.
– On dirait du bois, répond Kanoa.
– Oui, elle est en bois, confirme Maxence.
Mon père les a fait faire exprès.
– C'est pas écolo de couper des arbres
pour faire des médailles », le taquine Basil.

Sur le chemin du retour,
une voiture double le groupe des CE2.
Le conducteur jette par sa vitre baissée
un mégot de cigarette.
« Oh, c'est pas bien ! s'écrient en chœur
plusieurs élèves.
– Mauvais citoyen ! » ajoute Kanoa.
La directrice sourit au père de Maxence :
« Je crois que notre mission est accomplie !
– Je le crois aussi ! »

Retrouve les aventures de Basil, Marie
et tous leurs copains du CE2
dans les autres histoires de **Je suis en CE2**.

Déjà parus :

Les nouveaux copains

Les délégués de classe

Une semaine au château

Ensemble, on est plus forts !

L'arbre à familles

Amour ou amitié ?

Le nouveau look de Suzy

Le match de foot